MÉMOIRE

A CONSULTER.

Je Poursuivrai tout contrefacteur, conformément
aux lois.

IMPRIMERIE DE BÉTHUNE, PRÈS ST.-SULPICE.

MÉMOIRE

A CONSULTER

SUR

LA VÉRITABLE CONSPIRATION FORMÉE CONTRE LA FAMILLE DES BOURBONS, ET EN PARTICULIER SUR LES ATTAQUES DIRIGÉES PAR M. LE COMTE DE MONT-LOSIER CONTRE LA PERSONNE MÊME DU ROI.

Par M. le Chevalier LAGET DE PODIO,

ANCIEN PROCUREUR DU ROI, CHEVALIER DES ORDRES ROYAUX ET MILITAIRES DE SAINT-LOUIS ET DE LA LÉGION D'HONNEUR, ETC.

Si quis juxjurandum quo se regi et Domino suo obstrinxerit, violaverit, in monasterio peenitentiam agat omnibus diebus vitæ suæ.
Capitulaires.

PARIS,

A L'IMPRIMERIE DE BÉTHUNE, RUE PALATINE, N.° 5.

1826.

MÉMOIRE

A CONSULTER

SUR

LA VÉRITABLE CONSPIRATION FORMÉE CONTRE LA FAMILLE DES BOURBONS, ETC.

> Si quis jusjurandum, quo se regi et Domino suo obstrinxerit, violaverit, in monasterio pœnitentiam agat omnibus diebus vitæ suæ.
> *Capitulares.*

PREMIÈRE PARTIE.

Citoyen obscur, mais ami des institutions sous lesquelles j'ai le bonheur de vivre, sans préjugés et sans passions politiques, inconnu des ministres et de leurs flatteurs, ne tenant au Gouvernement du Roi que par mes affections et mes services, je vais remplir un de ces pénibles devoirs que la conscience impose à l'honnête homme et que le salut de l'État exige de tout vrai Français. Je ne dirai que la vérité ; quel intérêt pourrois-je avoir à mentir ? L'exagération ne souillera point ma plume , toute espèce de fanatisme me fait horreur ; sobre en paroles , en vaines dissertations , quand il s'agit de signaler et de combattre , non des *fantômes* et des *esprits* , mais les ennemis vivans du Prince et de la patrie , j'exposerai avec calme leurs projets audacieux , leurs complots sinistres , les sermens qu'ils ont faits de rendre encore la France veuve de ses Rois , et laissant parler les faits accusateurs dans leur énergique simplicité , je ferai passer dans l'âme des gens de bien la conviction intime des périls extrêmes qui environnent à la fois la religion et la monarchie. Que des hommes qui se sont fait un nom dans le métier d'écrire , qui savent prouver des accusations par des calomnies et suppléer par des sophismes aux faits qui leur manquent , à l'aide de beaucoup d'esprit et d'une rare facilité de mensonge , composent dans leur cabinet des conspirations imaginaires pour tromper la vigilance du Gouvernement sur la véritable conspiration qui le menace ; cette tactique est sans doute fort habile ; mais elle n'est pas nouvelle. De tout temps les brigands ont eu coutume d'allumer des fanaux sur les écueils pour donner le change aux vaisseaux qui courent les mers ; c'est aux pilotes à savoir discerner d'où vient la lumière.

Ce qu'il y a de nouveau parmi nous, c'est l'ignorance presque sauvage sur laquelle comptent les ennemis de l'ordre social pour égarer le peuple, qu'on suppose le plus éclairé de l'Europe. Jamais grande nation n'a été si profondément méprisée, jamais esclave n'a traîné sa chaîne sous des maîtres plus superbes et plus insolens! Lisez les journaux qu'ils rédigent et les livres où ils prétendent nous instruire de nos plus grands intérêts. Prennent - ils la peine de tromper avec adresse et de mentir avec art? Écoutez-les : la religion, ce premier besoin des hommes, n'a pas de plus dangereux ennemis que les prêtres qui la prêchent et les fidèles qui la pratiquent. Les dogmes divins de cette religion, sa morale sublime, son culte si pur et si magnifique, n'ont pas de protecteurs plus zélés, d'amis plus vrais et plus sincères que les gazetiers et les pamphlètaires qui les outragent, que les indifférens qui n'y songent pas et que les chrétiens dévoués qui étranglent les missionnaires à la porte des temples. Écoutez encore : la royauté revenue de l'exil, si noble, si franche, si belle, compromet de nouveau ses destinées. Pourquoi ces cérémonies religieuses où on la voit publiquement humilier son front, non devant Dieu, mais devant des prêtres ; pourquoi tant de pratiques de piété, qui prennent un temps réclamé par d'autres devoirs ? Ainsi, selon eux, le trône de saint Louis est mal affermi parce qu'il se relève dans la justice et la sainteté ; ainsi la religion est moins digne de respect parce qu'elle sort de ses ruines avec l'épiscopat et le sacerdoce qui la scellèrent de leur sang. Ils ont toujours une raison de refuser leur assentiment à tout ce qui émane du trône; ils ne manquent jamais de motifs pour dénaturer et corrompre les fruits que porte la religion. Si quelquefois ils ont l'air de rendre à Dieu et au Roi des hommages sincères, c'est pour mieux justifier leurs fréquentes déclamations et, dans leur intention comme dans leur bouche, l'éloge est une nouvelle injure.

Or, cette persévérance à poursuivre de leur blâme et de leur mépris ce qu'il y a de plus respectable et de plus sacré, a pu paroître pendant quelque temps une suite nécessaire de l'opposition dont le Gouvernement représentatif ne peut, dit-on, se passer. Il faut des bras à tous les métiers utiles, et, lorsque le bien ne peut marcher qu'à l'aide du mal, il est aussi important que le mal ait ses ouvriers qu'il est essentiel que le bien ait ses apôtres, afin que les méchans achèvent ce que les bons ont commencé. Mais les attaques violentes et redoublées dont je viens de parler, examinées de plus près et dépouillées de cette espèce de vêtement constitutionnel dont elles se montrent revêtues, présentent tous les caractères d'une faction redoutable qui, faisant un crime à la religion de l'appui qu'elle donne à la monarchie, et à la monarchie de la protection qu'elle accorde à la religion, a juré de détruire la royauté par le catholicisme , le catholicisme par la royauté , et d'arriver à un changement de dynastie par un changement de culte et de croyance.

Il y a peut-être quelque courage à venir démasquer aux yeux de la France agitée une conspiration fortement organisée , habilement conduite , et qui croit toucher au moment de ses horribles triomphes ; mais quel est le Français qui hésiteroit un instant à sacrifier sa vie pour sauver son pays ? Il n'y a pas loin aujourd'hui du sein de l'honnête homme au poignard du conspirateur; n'importe ! fallut-il acheter à ce prix le salut de ma patrie , j'élèverois la voix cent fois plus haut , parce que le danger seroit cent fois plus grand.

Je m'adresse donc au barreau français : j'invoque ses lumières et son patriotisme , je demande instamment ses sages conseils pour savoir si la conspiration que je vais dévoiler ne peut être dénoncée aux tribunaux , gardiens et vengeurs des lois protectrices de l'autel et du trône.

Voici les faits :

Un sentiment pénible de tristesse et de crainte est entré depuis peu de mois dans l'âme de tous les honnêtes gens. Je ne sais quels pressentimens funestes inquiètent les esprits et troublent les cœurs. La famille des Bourbons, que le ciel sembloit nous avoir rendue pour toujours , est devenue encore l'objet touchant des plus vives alarmes. Nous portons sur le trône , autour du trône , des regards d'admiration et d'amour , et il nous semble malgré nous que ce trône est de nouveau suspendu sur des abîmes. Le peuple , laissé à son bon sens et à l'affection naturelle qu'il a pour son Roi , paroît saisi d'une terreur qui lui rappelle des temps d'orages. Il commence à parler des nouveaux dangers qui environnent la famille de saint Louis , et du sombre avenir qu'on lui prépare. J'ai assisté souvent à la sortie des enfans de France du château des Tuileries et j'ai entendu plus d'une fois des braves gens dire , en levant les yeux au ciel : *Pauvres enfans , que deviendront-ils?* et ce n'est pas seulement le peuple et les hommes étrangers aux affaires qui partagent ces terreurs désolantes ; elles gagnent insensiblement les hommes placés assez haut pour voir au loin dans l'horison les nuages qui portent la foudre et les tempêtes. Les politiques sont déconcertés et se taisent ; ceux qui rioient naguères de nos frayeurs , s'effraient à leur tour comme le vulgaire ; le Gouvernement lui-même est étonné de trouver des obstacles sans cesse renaissans ; il écoute , il regarde , il attend des évènemens qu'il ne lui est plus possible de préparer et de conduire , et au milieu d'une paix profonde, avec des finances prospères, une armée fidèle et victorieuse , des récoltes abondantes , une prospérité matérielle qui fait l'admiration de l'Europe, tout le monde sent à la fois que la monarchie chancelle et tombe.

Or, d'où vient une tristesse si générale, un découragement si mystérieux au milieu de toutes les apparences de la force et du bonheur ? Voyez-vous cette jeune mère au milieu de ses enfans : sa démarche est ferme et gracieuse, sa beauté attire tous les yeux, on admire les belles proportions de sa taille, la noble élégance de son maintien; tout en elle annonce la vie, la santé, le bonheur. Pourquoi donc ses parens et ses amis ne l'abordent-ils jamais qu'avec un profond sentiment de tristesse ? Hélas ! ils savent qu'un ver homicide a piqué cette fleur si fraîche et si belle, ils ont compté le nombre de matins où elle doit briller encore, et, pendant qu'elle semble sourire à un long avenir, ils voient la mort verser, goûte à goûte, dans son sein, le poison dévorant qui va la dépouiller de son éclat et la faire tomber sur la terre, dont elle étoit un des plus beaux ornemens. O mes concitoyens ! avec des couleurs plus sombres et plus effrayantes, voilà l'image fidèle de la monarchie.

Sous des formes saines et robustes en apparence, une langueur secrète dessèche chaque jour dans son sein les sources de la vie. Un ver rongeur brise, l'un après l'autre, les liens de sa force et de sa puissance; une faction dévo-

rante, mais cachée, travaille sourdement et sans relâche
à miner les appuis du trône, à le détacher de ses fondemens, et à le renverser une seconde fois sur une terre
couverte de ses débris et encore humide du sang des
Rois. Formée d'abord des vétérans révolutionnaires,
pour qui la présence des Bourbons sera toujours un
supplice; accrue dans son cours de ces républicains et
de ces impériaux, qui n'ont voulu, à aucun prix, se rattacher à la sainte cause de la légitimité; cette conspiration s'est fortifiée en dernier lieu des mécontens et
des ambitieux de tous les partis, qui, se croyant appelés à jouer les premiers rôles dans la restauration, par
leurs talens ou leurs services, trompés dans leur attente ou plutôt dans leur orgueil, ont tourné brusquement leurs forces contre le pouvoir, et ont voulu lui
apprendre, en l'attaquant avec fureur, qu'ils étoient
seuls capables de le soutenir et de le défendre.

La vie humaine *a ses mystères*, et ces défections
scandaleuses, ces soudaines métamorphoses, ces éclatantes apostasies, ne s'expliquent pas par les causes
qu'on veut bien communément leur donner. Il y a ici
plus que des prétentions échouées et des amours-propres blessés. Le renégat calcule toutes les chances et
pèse long-temps ses intérêts personnels avant de présenter son front au turban qui doit y imprimer une
tache ineffaçable; et quand nous avons vu des hommes

monarchiques se dégrader de leurs propres mains , re-
nier froidement leurs principes , leurs écrits et leur vie
entière , gagner de vîtesse et d'audace les naturels de
la révolution , nous avons dû comprendre que ces ha-
biles gens , qui vouloient avant tout faire leurs affaires,
abandonnoient une cause où il n'y avoit plus rien à
gagner , et passoient avec armes et bagages à l'ennemi
prêt à entrer dans la ville qu'ils avoient jusque-là dé-
fendue , non sans quelque profit et sans quelque gloire.

Ainsi la faction conspiratrice formée d'abord des
ennemis connus de Dieu et du roi , s'est rapidement
grossie des déserteurs et des transfuges de la religion
et de la monarchie ; plus leur déshonneur est éclatant,
plus leurs haines seront implacables ! Anges tombés ,
ils étonneront le ciel de leurs blasphêmes et ils épou-
vanteront le monde de leur audace contre les rois ;
mais il n'est pas encore temps d'offrir leurs œuvres à
la lumière , continuons à nous occuper de la conspiration elle-même. Là figurent les uns à côté des autres de riches financiers et des gens perdus de dettes,
des propriétaires et des patentés , des journalistes et
des grands seigneurs , des écrivains de quelque re-
nommée et des barbouilleurs de papier , des radicaux
et des gentilshommes. Un but commun a confondu
tous les rangs , mêlé toutes les conditions et rapproché
toutes les distances ; car la haine est un lien plus fort que

l'amour. Ne leur demandez pas cependant ce qu'ils feront après les évènemens, qu'ils préparent dans l'ombre; ils sont convenus de ne point en parler entre eux; chacun a ses projets. Seulement unis pour démolir, ils craindroient de ne pas s'entendre, s'il falloit songer à reconstruire; les uns ne sortent pas en effet de l'histoire d'Angleterre, et ils ne voient rien de plus glorieux pour la France que d'y transplanter les destinées des Stuarts et de la maison de Brunswick; les autres arrangent des républiques fédératives, et forment une liste civile moins chère; un petit nombre portent leurs regards au-delà du Rhin et y cherchent un maître; un plus grand nombre l'ont déjà trouvé sans sortir des frontières. Mais, avec des intentions si opposées et des vœux si contraires; tous n'en travaillent qu'avec plus d'ardeur *à détruire ce qui est*, et à préparer le sol sur lequel chacun pense bâtir ensuite à sa manière. Ils s'entregorgeront, s'il le faut, quand la place sera vide, pour savoir qui donnera les devis et les plans.

Timides dans leurs commencemens, nous entendions les conspirateurs en 1814, ne parler que de leurs justes alarmes sur l'inviolabilité des droits acquis par la charte; ils exprimoient humblement leurs craintes sur le retour possible de la dîme et des droits féodaux, et sur l'incommutabilité des ventes nationales. Certes, ils ne

doutoient pas , quant à eux, de la sincérité des promesses royales ; *mais les nobles et les émigrés com-
mettaient bien des indiscrétions.* Le peuple s'attristoit
involontairement des nombreux symptômes de tendance
vers l'ancien régime qu'il avoit sous les yeux. Le roi
d'ailleurs pouvoit compter sur leur dévoûment et leur
obéissance; que demandoient-ils désormais ? à vivre
heureux sous les institutions que Louis XVIII avoit
données à son peuple; et pour prouver qu'il n'y avoit
point d'arrière-pensée dans ces solennelles protesta-
tions, ils se précipitoient aux Tuileries pour y prêter
leur serment de fidélité. Mais quel étrange changement
de scène : hier ils levoient la main à Dieu , ils juroient
entre les mains du Monarque , de défendre jusqu'à la
mort le trône et la charte; aujourd'hui le trône est
envahi, la charte est déchirée. Où sont-ils ? à la même
place , en face des articles additionnels, et aux genoux de l'usurpateur, ils répètent le serment de la
veille. Cependant la France indignée redemande son
Roi , et l'Europe en armes repousse la révolution déchaînée. La terreur s'empare des conspirateurs et des
traîtres. Vous croyez que la peur terrible qui les a
saisis a pour objet les châtimens qu'ils ont mérités;
point du tout : elle se rapporte uniquement aux in-
justes persécutions dont on les menace. Des châtimens !
Et qu'ont-ils fait pour s'en rendre dignes ? Qui osera

leur imputer à crime d'avoir défendu le sol sacré de la patrie ? qu'importe la conspiration qui a ramené Buonaparte triomphant au palais de Louis XIV ? Eussent-ils eux-mêmes replacé la couronne sur le front du tyran, et marché sous ses aigles, pour rendre dans quelques années sa dynastie la plus ancienne de l'Europe ; c'est un malheur sans doute, mais non pas une trahison : c'est toujours la France qu'ils ont servie, et c'est aux Bourbons à payer leurs services.

Si quelque chose étoit capable de surprendre même les conspirateurs, c'étoit le succès de cette singulière apologie ; aussi lorsque l'ordonnance du *cinq septembre* vint ranimer leurs espérances mal assurées, lorsque, par l'effet d'un grand nombre de mesures administratives, ils furent rentrés dans leurs honneurs et dans leurs emplois, aussi paisiblement qu'ils en étoient pour un moment sortis ; lorsqu'enfin, par cette étrange amnistie accordée aux serviteurs fidèles qui avoient suivi le Roi dans son exil, ils eurent appris qu'ils avoient bien mérité du Prince et du pays ; pour toute reconnoissance ils vouèrent au Gouvernement une profonde pitié ; et sachant à qui ils avoient à faire, ils se promirent bien de n'avoir plus peur, et ils tinrent parole. Le Censeur européen, la Minerve et d'autres journaux entrèrent hardiment en campagne, et préludant aux combats mortels qu'ils alloient livrer à la monarchie, ils s'amusèrent quelque temps à couvrir de ridicule le royalisme et la fidélité , à lancer des sarcasmes amers sur *la promenade sentimentale de Gand* , *et les nobles voltigeurs qui l'avoient faite.* La doctrine de la souveraineté du peuple reparut avec l'esprit de révolte dont elle est inséparable. Les gouvernemens de fait trouvèrent des défenseurs publics et de nombreux apologistes; et la légitimité, repoussée du droit public des nations modernes , fut reléguée parmi ces institutions absurdes et surannées que les prêtres et les despotes imposèrent jadis à des peuples esclaves. La faction encouragée , autorisée en quelque sorte par les ministères au moins inhabiles qui se succédoient au pouvoir, ne désespéra pas à l'aide de ces doctrines d'arracher au rocher de Sainte-Hélène l'ancien prisonnier de l'île d'Elbe , et de ramener encore ce fléau des nations sur l'Europe qu'il avoit ravagée. Déjà des correspondances sont établies avec l'Angleterre, l'Italie et l'Amérique : l'or ne manque pas plus que le dévoûment et l'audace ; mais la mort plus puissante et moins miséricordieuse que les souverains de la sainte alliance , vient frapper tristement, enchaîné au milieu de l'immense océan , celui qu'elle avoit épargné dans les batailles ; quelques arbustes sauvages couvrent la tombe de ce grand capitaine , et leurs feuilles couleur de sang forment un mausolée digne du conquérant qui , depuis

Alexandre, a eu la gloire de faire le plus de veuves et d'orphelins.

Arrêtons-nous un moment ici avec la faction consternée de ce trépas inattendu. Ses projets et toutes ses espérances semblent descendre dans le tombeau de Napoléon, et s'être exhalés avec sa vie. Non pas qu'il entrât dans les vues des conspirateurs de le rappeler lui-même à la tête des affaires, mais ils se voyoient privés par cette perte du plus puissant instrument de troubles dont le Ciel dans sa colère eut encore fait présent aux artisans de révolutions. Où trouver un autre levier capable à lui seul d'ébranler le monde ?

A défaut des hommes on chercha dans les choses quelque instrument universel de ruine et de dissolution sociale. Comme l'arbre de la science du bien et du mal planté dans l'heureux séjour du premier homme et dont les fruits avoient la redoutable propriété de prolonger la vie où de donner la mort, la liberté de la presse venoit de nous être accordée avec la singulière puissance de faire vivre les institutions et les peuples ou de les faire mourir. Les savans ont calculé la force de ce terrible élément, si foible pourtant et si léger en apparence, que l'industrie fait descendre dans ses manufactures pour y fendre l'acier et y soulever les masses les plus énormes, et que le commerce enferme dans ses vaisseaux pour les pousser avec vitesse contre

la fureur des vents ; ils ont donc pu le maîtriser, l'em-
prisonner dans une enceinte de fer d'où il ne s'échappe
que selon la mesure qui profite et non avec la violence
qui ravage. Mais qui calculera la puissance de la presse
déchaînée dans le monde des intelligences ? qui mar-
quera sur l'échelle politique le haut degré d'action où
elle peut atteindre sans nuire et qu'elle ne peut dé-
passer sans malheur ? Et quelle main sans être brisée
posera les barrières qu'elle ne doit pas franchir ?

La faction conspiratrice jeta les yeux sur cet agent
destructeur, comme sur un auxiliaire tout puissant
pour renverser la monarchie, et nous verrons tout-à-
l'heure si les faits ont répondu à ses espérances ; mais
qu'on me permette de prendre les choses de plus haut.
Sous le nom modeste d'hommes de lettres, s'étoit élevée au XVIIIe siècle une secte de réformateurs audacieux qui, sans autre mission que celle de *leurs talens*,
avoient pris le monde à élever comme un maître
d'école prend des enfans à instruire. Tout étoit mal
sur la terre, Rois, Pontifes, nations, avoient corrom-
pu leurs voies ; il étoit temps de délivrer l'univers des
tyrans qui le tenoient dans l'esclavage et des supersti-
tions qui avoient abruti l'espèce humaine, pour mettre
à la place des lois, des gouvernemens et de la religion,
vieillis dans la vieille Europe, des institutions jeunes et
robustes, en harmonie avec la liberté de l'homme et

la dignité de sa nature long-temps méconnue. Pauvres esprits qui ne voyoient point qu'il n'est pas plus possible au génie humain de faire une constitution morale pour un peuple, qu'à la science de la médecine de faire des tempéramens pour les malades, et qu'en appelant la haine et le mépris sur les gouvernemens et les lois existantes, ils flétrissoient d'avance les gouvernemens et les lois à venir, et ne laissoient d'autre moyen de conduire les hommes, que la force qui écrase et le sabre qui tue! Malheureusement, sous un règne paisible, voluptueux et frivole, la France prêta l'oreille à la voix des novateurs, ravie de leur esprit et de l'harmonie de leurs périodes; elle crut entendre des prophètes et des oracles, parce qu'elle entendoit des discours prophétiques et de merveilleuses promesses; et se précipitant vers un si heureux avenir elle chercha l'âge d'or dans une révolution générale. Le rêve étoit beau, mais il ne dura pas long-temps. Réveillée au bruit des meurtres et à la lueur des incendies, foulée aux pieds des hommes et des chevaux, elle eut le temps de maudire dans ses longues angoisses les précepteurs qui l'avoient soulevée et les livres qui l'avoient séduite. Aussi tout Paris a vu, pendant vingt ans, la partie politique et religieuse de ces ouvrages tristement étalée sur les quais qui bordent la Seine, ou devant la boutique des libraires, comme des livres sacrifiés à porter le poids de la chaleur et du jour, et bons seulement désormais à servir d'enseigne.

Il étoit réservé à la faction conspiratrice, d'élever des temples à ces dieux abandonnés, de relever leur culte et leurs autels, et de confier nos nouvelles destinées à la foi trompeuse de leurs oracles; et pouvoit-elle nous mettre sous la protection de plus mauvais génies? Le mal qu'ils avoient fait aux pères répondoit du mal qu'ils feroient aux enfans: où trouver des injures plus grossières contre les Rois, des déclamations plus furieuses contre la religion, un plus superbe mépris des doctrines et des croyances amies de l'ordre et de la vertu? quels dogmes conservateurs avoient-ils respectés? quelle passion honteuse ou cruelle n'avoient-ils point flattée? de quel crime social ou public n'avoient-ils point fait l'apologie? De pareils apôtres étoient seuls dignes, dans les vues des conspirateurs, de présider à l'éducation des générations naissantes, et seuls encore ils pouvoient arracher le peuple au repos qui commençoit à lui plaire. Ainsi Voltaire, Rousseau, Diderot, Raynal, Dupuy, Volney, furent appelés par le comité directeur à remettre la main à l'œuvre et à refaire la révolution; les éditions succèdent aux éditions: l'une n'attend pas l'autre; les villes et les campagnes en sont inondées, et dans moins de cinq ans il n'y a plus de Français dans aucune classe qui n'ait entre les mains, les crimes des Rois, les crimes des Reines, les crimes des papes et des prêtres, et qui ne puisse savoir que le commerce, l'agriculture et l'industrie, ne redeviendront florissans que lorsque *du boyau du dernier prêtre on aura étranglé le dernier Roi.*

Cette sanglante doctrine fermenta bientôt dans les têtes préparées à la recevoir. Un homme se rencontra qui tirant des conséquences pratiques de ses lectures, et partant de ces deux principes si hautement prêchés à ses oreilles : *Dieu n'est qu'un mot ; les Rois sont des tyrans dont il faut éteindre la race,* aiguisa son poignard dans la nuit, l'assura dans sa main, courut droit au cœur du Prince qu'il croyoit appelé à perpétuer la famille des Bourbons, et mourut content d'avoir frappé la souche et coupé l'arbre dans ses racines.

Mais cet effrayant dévouement d'un esprit libre enfin de tous préjugés, prit jusqu'à un certain point la faction au dépourvu : elle ne s'attendoit pas à ce que ses ordres fussent sitôt remplis, et ses espérances si promptement réalisées.

L'éducation de Louvel avoit devancé celle des masses ; quoique simple artisan il avoit fait plus de progrès que le reste de ses condisciples ; le peuple n'étoit pas encore à cette hauteur, et au lieu d'une révolution générale, que les factieux avoient lieu d'attendre, il fallut se contenter de ce crime isolé pour le moment de tout autre crime. Les essais infructueux de Berton et des hommes du 19 août, vinrent confirmer encore cette vérité, *que le peuple n'étoit pas mûr.* D'horribles expériences révéloient néanmoins aux conspirateurs les succès qu'ils devoient se promettre s'ils venoient à bout de populariser l'impiété et la haine des Rois. La question de savoir si les Bourbons resteroient sur le trône, de plus en plus précisée, se réduisit donc enfin à corrompre, à dépraver les masses par la lecture. Qui dira les efforts et l'infatigable activité des conspirateurs pour hâter ce terme de notre ruine et de leur triomphe ? Trois millions de volumes répandus par les éditions ordinaires, ne suffisent plus; ils ont recours aux éditions compactes et portatives : un seul volume renferme et presse les poisons auparavant disséminés en cent volumes. Alors paroissent le Volney des enfans, le Voltaire des chaumières, le Jean-Jacques de la petite propriété; des abrégés, des résumés de toute espèce, mettent le mécontentement et la révolte à la portée des plus basses classes de la société. Un ignoble besoin de nuire couvre, sous le titre de *Vies des Saints*, les ouvrages les plus obscènes, afin que la piété et l'innocence, puissent approcher leurs lèvres de cette coupe honteuse et voilée dont la vue leur feroit horreur; enfin viennent les poisons à cinq sols, jetés dans les magasins, et dans les échoppes, à la porte des églises et des colléges , offerts et donnés pour rien ; car pour aller plus vite , la caisse de la faction se charge de toutes les dépenses ; tous ces livres ne se vendent plus : on les distribue aux passans , on vous prie de les accepter, tant on est pressé d'en finir avec la religion et la monarchie.

D'un autre côté, les journaux organes de la conspiration ont redoublé de fureur et d'audace ; jamais le talent d'écrire n'avoit été si misérablement prostitué au mensonge et à la calomnie ; jamais on n'avoit poussé si loin le cynisme des irréligieuses pensées, et la froide perfidie des expressions et des précautions oratoires. Fidèles à cette maxime célèbre de leurs maîtres , que *pour démonarchiser la France il falloit avant tout la décatholiser* , ils n'ont point laissé passer un seul jour sans poursuivre d'une haine implacable la religion de l'État. Mais ici se présentoit une grave difficulté : comment se déchaîner sans péril contre une religion déclarée inviolable par la charte ? comment oser lui prodiguer le mépris et l'injure, en présence des lois qu'on n'étoit pas assuré de pouvoir violer impunément ? les attaques qu'on lui livroit depuis si long temps sous le nom d'intolérance, de superstition et de fanatisme, étoient déjà bien usées ; on avoit beau les ressasser, les rajeunir, les retourner en tout sens, le peuple n'entroit pas assez avant dans l'esprit de cette

guerre couverte et détournée, car on trompe le peuple
par des mots, mais on ne le passionne que pour des
choses. Tôt ou tard il faut lui montrer les objets qu'on
veut lui faire aimer, et ceux qu'on lui a appris à haïr.
Lorsqu'on l'eut poussé naguères à tremper ses mains
dans le sang des prêtres, des nobles et des rois, au
nom de la raison, de la liberté et de l'égalité, il de-
manda à voir les divinités nouvelles auxquelles il venoit
d'offrir d'aussi étranges sacrifices, et ses maîtres forcés
d'obéir à ses clameurs, lui représentèrent à la hâte la
LIBERTÉ dans un arbre coëffé d'un bonnet de galérien,
l'ÉGALITÉ dans une hache homicide, et la RAISON enfin
dans une prostituée assise sur les autels du Dieu vivant.
Les modernes conspirateurs avoient donc besoin aussi
de donner un corps à cette superstition, à ce fanatisme
qui est la cause que les ouvriers manquent de travail,
que le commerce languit chaque jour davantage, et
que la France rétrograde vers la barbarie : or qu'est-
ce que la religion a d'extérieur et de visible ? les cérémonies de son culte, sa sainte parole, son sacerdoce et
les fidèles qui la pratiquent : il étoit donc bien évident
que si on pouvoit parvenir à attaquer impunément la
prédication, les cérémonies, les prêtres et les fidèles,
en rendant odieux et méprisable tout ce que la religion
catholique a de vivant et de sensible, on la rendroit
elle-même un objet de dérision ou d'épouvante. Toute-

fois c'étoit encore reculer la difficulté sans la résoudre; car enfin l'exercice du culte catholique, la prédication et le ministère sacerdotal sont aussi sous la protection des lois. Interrogé sur ce nouvel embarras le comité directeur répondit hardiment, qu'il n'y avoit qu'à montrer les personnes et les choses que la loi déclare inviolables sous des dénominations qu'elle permet de profaner et de maudire, et que rien n'étoit plus aisé que d'avilir les cérémonies catholiques sous le nom de MISSIONS, les évêques et les prêtres sous celui de JÉSUITES et d'ULTRAMONTAINS, les fidèles sous le titre de JÉSUITES A ROBE COURTE ET DE CONGRÉGANISTES; que cette tactique se prêtoit admirablement bien aux desseins qu'on avoit en vue puisqu'elle désignéroit au mépris de la nation, non plus des êtres imaginaires, mais des êtres réels et palpables, et qu'elle auroit enfin le grand avantage de lier le présent au passé, de ressusciter des passions éteintes, et de faire peser sur le clergé actuel les égaremens dont on a accusé le sacerdoce dans des temps déjà loin de nous. Au signal donné les écrivains qui gagnent leur vie au service de la faction mettent la main à l'œuvre, et Dieu sait avec quelle ardeur ils remplissent leur tâche, sur ce nouveau plan. Que sont devenus aujourd'hui les cinq et les trois pour cent; les affaires de la bourse où certains journaux voyoient toutes nos destinées; les éternelles plaintes contre

M. de Villèle, les lamentations hebdomadaires sur sa politique extérieure, les commentaires sur les actes des ministres à l'usage des cafés et des comptoirs! Chose étrange! les défenseurs des intérêts matériels de la société les ont tout à l'heure entièrement sacrifiés; ils ne nous en parlent pas plus que si nous étions devenus en quelques jours un peuple d'esprits. Mont-Rouge, et la déclaration de 1682, les missions de France et la congrégation réclament toutes leurs colonnes et la sollicitude de leurs lecteurs. La ruine de la France n'est plus dans l'absence des institutions libres que le ministère royal avoit promises, dans le défaut d'organisation des gardes nationales, dans le défaut d'organisation des communes, dans le défaut d'une nouvelle organisation de l'armée; elle est dans les églises où les fidèles vont prier Dieu; à Saint-Acheul, où des enfans apprennent le catéchisme et la grammaire; elle est dans Hildebrand, dans les scapulaires et les confréries du quatorzième siècle, dans la violation d'une loi faite par des évêques en 1682; dans la non-observance de certains arrêts des anciens parlemens, dont pas un industriel, pas un commerçant, pas un bon Français avant 1825, n'avoit entendu parler de sa vie. Les événemens les plus étranges se passent autour de nous; des Chartes traversent les mers, et l'Océan étonné courbe l'orgueil de ses flots sous des passagers si nouveaux pour lui. La Grèce succombe et meurt sous le cimeterre des barbares. Constantinople voit éclater la plus étonnante révolution qui ait encore épouvanté les rives du Bosphore ; des républiques s'élèvent et tombent le même jour dans le nouveau monde, et ils n'enregistrent qu'en courant des événemens si étranges , de peur de nous distraire des jésuites , des missionnaires, des ultramontains ; et cent mille Russes campés aux portes de la capitale, leur inspireroient moins de crainte que saint Ignace et ses constitutions , les fidèles qui entendent la messe et les écoliers qui mettent leurs études sous la protection de la sainte Vierge. Ce délire théologique vous semble inexplicable ; mais jetez les yeux autour de vous : voyez les églises catholiques violées , les prêtres lapidés , les fidèles poursuivis du nom d'hypocrites et de tartufes , et le Dieu des chrétiens sortant des tabernacles qu'environnent les chérubins éblouis de sa gloire , accueilli par des blasphêmes et des hurlemens effroyables ; commencez-vous à comprendre maintenant où l'on veut vous mener ? Allez plus loin, suivez le changement qui s'opère peu à peu dans les esprits, l'union des royalistes rompue , et la division éclatant parmi eux par principes de conscience avec tous les symptômes d'une guerre acharnée ; les ambitieux aux prises avec les congréganistes, les gallicans armés contre les ultramontains, l'esprit des parlemens déchaîné sur le sacerdoce, les chambres elles-mêmes menacées de se voir partagées, non plus en côté droit et en côté gauche; mais... n'achevons pas. ô Conspirateurs! livrez-vous à un rire inextinguible; la monarchie se déchire de ses propres mains, et demain sera le jour de votre triomphe.

Rendons toutefois justice à la faction ennemie : c'est à regret qu'elle a poussé les esprits jusqu'à ces déplorables folies ; s'il lui eût été possible de détrôner les Bourbons, sans inspirer une haine profonde contre la religion, elle l'eût supportée; elle sait mieux que personne que jamais les prêtres ne reprendront aucune influence politique; que quelques évêques de plus ou de moins au Conseil d'État ou à la Chambre des Pairs, sont des accidens sans importance, dans la forme de nos grandes institutions. Il lui importe aussi peu qu'à nous que quelques maisons d'éducation soient dirigées par des prêtres français, vivant sous la règle du pieux Bérules, de saint Ignace ou de saint Benoît ; mais ces prêtres et ces missionnaires prêchent l'obéissance au Roi; mais ces jésuites élèvent la jeunesse dans l'amour des enfans de saint Louis; mais là où les uns ou les autres exercent quelque influence, il n'y a pas moyen de tirer le peuple de son apathie, et de le pousser à la moindre révolte; voilà leur crime ! quand des conjurés ont formé le projet d'attenter à la vie d'un prince régnant, ils se glissent au milieu de la nuit dans l'intérieur du palais; ils marchéut en silence vers l'appartement où repose leur victime. Si les gardes placés de distance en distance ouvrent leurs rangs aux assassins, ils n'ont rien à craindre, mais si, voulant faire à leur maître un rempart de leurs corps, ils tombent sous le fer régicide, à qui la faute? la mort ne les cherchoit pas : ils l'ont cherchée. De même ici, pourquoi le clergé fait-il un rempart de ses doctrines et de son dévouement à cette famille qui a pu régner sur l'ancienne France avec quelque gloire, mais qui n'est plus en harmonie avec les lumières, les progrès et les besoins de la France nouvelle. Ainsi raisonnent les conspirateurs : Ah ! *si les prêtres étoient moins Bourbonniens*, pour me servir d'une expression sortie de la bouche de Buonaparte, loin de les avilir et de les persécuter, la faction demanderoit à genoux leurs bénédictions et leurs prières. A-t-elle cessé un seul jour de prodiguer les plus touchans éloges aux abbés Grégoire, aux abbés de Pradt et à tant d'autres vénérables ecclésiastiques qui ne se laissent point entraîner trop loin par l'amour des Bourbons ? Je le répète donc avec une conviction profonde, la secte philosophique du XVIIIe siècle se déchaîna contre la religion parce qu'elle étoit la règle des devoirs de l'homme. La secte révolutionnaire ne la persécute aujourd'hui, que parce qu'elle est le plus ferme appui du trône des rois ; l'une voyoit dans la ruine du catholicisme l'affranchisse-

ment des consciences et la liberté de penser; l'autre y
voit le moyen de changer de maître et de modifier à son
gré les institutions et les lois. Pour les premières, le catholicisme étoit une servitude ; il n'est qu'un obstacle politique pour les seconds.; l'attaquer autrefois étoit un
but et un triomphe ; le traîner aujourd'hui dans la boue,
n'est qu'un moyen et qu'une hypocrisie. «

Helvétius , Diderot , Voltaire , ne vouloient pas plus
du joug imposé par Luther ou Calvin , que de l'empire exercé par le Pape ; leurs disciples moins philosophes mais plus révolutionnaires , se résigneroient vo-
lontiers au protestantisme si la nation vouloit l'embrasser
avec eux ! que dis-je , ils exaltent la religion réformée
comme la plus digne de régner désormais sur leurs enfans. Ils l'opposent sans cesse à la religion de l'Etat ;
ils n'ont des éloges que pour les gouvernemens qui la
professent. Ce n'est pas que la domination du pape
les embarrasse beaucoup dans leurs combinaisons ; mais
ils ont lu l'histoire, et ils savent bien qu'un changement
de religion, sous des rois sincères dans leur croyance,
entraîna toujours un changement de dynastie.

A qui s'adressent donc enfin ces éternelles déclamations contre la religion de l'Etat ? au Roi qui la pra-
tique et qui l'honore : ces atroces persécutions contre
les missionnaires? au Roi qui les a autorisés et qui les
protège : ces amères satyres, ces sarcasmes inépui-

sables contre les pratiques du culte que l'Église ordonne?
au Roi qui humilie son front aux pieds des autels, devant
la majesté de celui de qui relèvent tous les empires :
les haines violemment soulevées contre les réunions
des fidèles, connues sous le nom de Congrégations ?
au Roi qui s'est placé à la tête des bonnes œuvres
de son royaume, et qui a voulu établir son trône, là où
Dieu même a posé le sien ; dans la conscience de ses
sujets. J'adjure tous les gens de bien de me dire si la
vérité de mes paroles ne répond pas à l'intime conviction de leurs ames. Mais qu'ai-je besoin de plus longs
discours ? ce que j'énonce à peine avec effroi, la faction
ivre de joie, vient de le faire publier à la face de l'Europe.

Oui, deux volumes d'accusations et de dénonciations
ont été portés aux Cours souveraines par M. le comte
de Montlosier, et ces deux volumes n'ont été écrits
que pour comprendre un petit nombre de pages auxquelles toutes les autres se rapportent. Oui, des crimes
imaginaires ont été savamment délayés dans soixante-
six chapitres, pour trouver le prétexte d'écrire deux
chapitres auxquels viennent aboutir, comme à leur
centre, ceux qui précèdent et ceux qui suivent. Oui,
l'ultramontanisme, l'esprit prêtre, la congrégation,
n'ont été traduits devant les tribunaux que pour servir
de cortège, à qui, grand Dieu !... la plume tombe des

mains. Mais si je prouve jusqu'à la dernière évidence que le Roi seul dans sa personne sacrée a été l'objet de ces calomnies, de ces outrages et de ces attaques sacriléges, que la France se lève avec moi pour demander vengeance du plus grand crime qui ait été commis chez une nation civilisée.

Mais avant d'aborder ce lamentable sujet, et d'entrer dans le fond des preuves, je dois répondre à une objection qu'on ne manquera pas de me faire. Qui êtes-vous, me dira-t-on, pour vous porter partie plaignante des injures faites à la majesté royale? en quelle qualité vous plaît-il d'intervenir dans une cause si haute et qui vous est étrangère? Je réponds d'abord : le noble comte dont je dénonce les deux derniers ouvrages, comme organes d'une conspiration dirigée contre la personne du Roi, a-t-il eu le droit de dénoncer lui-même l'ultramontanisme, l'esprit prêtre, etc. , comme faisant partie d'un système de conspiration contre la sûreté de l'Etat? Simple particulier comme moi, puisque le titre de comte qu'il s'attribue, et la qualité de député aux Etats-Généraux de 1789, ne sont plus au nombre des fonctions publiques, il a interrogé le barreau sur les faits énoncés dans son mémoire; simple particulier comme lui, j'ai l'honneur d'interroger le barreau sur les faits rapportés dans le mien. Il a dressé son acte d'accusation d'après les consultations qu'il a

obtenues ; je dresserai mon acte d'accusation d'après
les consultations que MM. les avocats voudront bien
me donner. La Cour royale de Paris a daigné délibérer
sur l'accusation qu'il lui a présentée ; la Cour royale
de Paris daignera aussi, je l'espère, délibérer sur l'acte
d'accusation que je ne manquerai pas de lui soumettre.
M. de Montlosier a promis enfin de pousser ses pour-
suites avec une persévérance incapable de céder aux
obstacles; moins habile que lui, mais non moins dévoué
à mon pays, je prends l'engagement de suivre jusqu'à
la mort l'affaire que je commence, et de dévoiler dans
son entier la conspiration que je ne fais aujourd'hui que
montrer à demi, parce qu'il n'est pas nécessaire d'en
dire davantage pour l'objet de ce mémoire ; et tout
Français n'est-il pas obligé de démasquer les trames
criminelles dirigées contre la sûreté du trône et la vie
du Monarque? Faut-il donc être revêtu de fonctions
publiques, pour remplir le premier et le plus noble
devoir de sujet et de citoyen ? Quoi ! si par une, ma-
gnanimité digne d'un meilleur temps, le Prince s'éle-
voit au-dessus des plus insolentes injures; si le zèle de
ses Ministres et de ses procureurs généraux, enchaîné
par son inépuisable miséricorde, ne pouvoit, sans affli-
ger son cœur royal, poursuivre les attaques qui ne s'a-
dressent qu'à sa personne, la bonté imposant silence à
la justice, que deviendroient les saintes lois protec-

trices de la suprême majesté? muettes et désarmées, elles laisseroient donc sans protection celui-là seul qui protège tous les autres. Non! il n'en peut être ainsi, et il m'est permis maintenant d'exposer mes preuves.

SECONDE PARTIE.

C'est avec un sentiment, profond de douleur que j'aborde maintenant l'examen des attaques que M. le comte de Montlosier n'a pas craint de laisser tomber sur l'auguste et sacrée personne du Roi.

Pour nous autres, vieux enfans de la monarchie, il y a dans le trône quelque chose de religieux qui remplit nos âmes d'un saint amour. Nous ne pouvons, sans frémir, concevoir la pensée d'une profanation exercée par de simples discours sur cette haute majesté, qui est une si vénérable image de la majesté même de Dieu. Nous devons cette impression, qui certes n'est point une impression de terreur, ni une marque de servitude, mais plutôt un noble sentiment de respect, qui s'agrandit lui-même, en élevant davantage la royauté, objet de son culte, nous devons cette impression à des souvenirs toujours vivans dans le cœur de ceux qui ont vu la vieille gloire du trône de France, qui ont joui du bonheur sous le sceptre de Louis-XVI, et qui ont eu la triste occasion de comparer la liberté que le peuple dut à ses Rois, et celle qu'il dut à ses prétendus vengeurs. Qui s'étonnera donc des gémissemens qui partent du fond de mon cœur, lorsque je vois cette dignité de mon Roi, jadis vénérable au monde, aujourd'hui dégradée par des outrages ? Il faut pardonner à un royaliste sincère les larmes qu'il laisse couler sur ce grand avilissement d'une majesté qui fut toujours pour lui comme une autre religion ; et si la révolution française nous avoit fait des mœurs toutes nouvelles, en présence desquelles une telle douleur fût un grand objet de dérision, ce n'est pas moi qu'il faudroit plaindre avec mes vieux souvenirs, et mes affections d'un siècle déjà loin de nous, ce seroit bien plutôt la royauté ainsi dépouillée de sa grandeur, et la France elle-même condamnée à gémir bientôt sous quelque autorité de fer, dès qu'elle ne sait plus conserver au trône la majesté qui adoucit le commandement et qui donne de la dignité même à l'obéissance.

Mais il n'en sera pas ainsi, grâce au Ciel ! et telles sont les habitudes que la France constitutionnelle a reçues de l'ancienne monarchie, que le nom du Roi doit rester constamment inviolable, au milieu des dissentions politiques qui troublent la société. Ce qui fut jadis un sentiment de délicatesse, gravé dans les cœurs, est devenu une obligation de politique, imposée à tous les partis. Chose merveilleuse ! la dignité du monarque reste tellement élevée, après avoir paru s'abaisser par des concessions, que son nom même est sacré pour les factions. Nous voyons des discussions animées dans nos deux chambres ; les ministres attaqués pour leurs actes d'imprudence ou de foiblesse , la politique de l'État accusée d'imprévoyance , les opinions les plus contraires débattues avec liberté , et toujours le Roi reste au-dessus des atteintes et comme renfermé dans un sanctuaire où les censures ne sauroient pénétrer. Ses ministres même sont contraints d'éloigner des discussions ce nom sacré qui sembleroit devoir être pour eux un bouclier contre toutes les attaques. Il y a donc encore dans notre temps quelque chose de magique et de vénérable dans la royauté , puisqu'il n'est jamais permis aux passions de la faire descendre dans leur champ de bataille. Et la France, avec ses mœurs nouvelles , comprendra l'indignation et la douleur d'un vieux serviteur du Roi , qui vient dénoncer en gémissant la témérité d'un homme qui, seul, ose outrager en même temps les habitudes anciennes et les droits nouveaux, et qui est à la fois infidèle aux sentimens de la monarchie de Louis XVI , et aux devoirs de la monarchie de Charles X.

M. le comte de Montlosier n'a pas seulement attaqué le monarque dans son auguste majesté, mais il l'a attaqué dans sa vie privée , double outrage qui contraste également avec les lois de la politique et les simples convenances de la société.

Par l'une et l'autre personnalités, il a dégradé dans l'esprit des peuples la dignité du Roi, et porté atteinte au respect profond dont sa personne ne doit cesser d'être entourée. Il l'a abaissé comme Roi, il l'a avili comme chrétien. Il l'a montré soumis à mille dominations honteuses, qui le laisseroient sans autorité aux yeux des sujets. Il a ainsi violé les lois les plus saintes, et disposé les esprits à seconder ou à accueillir toute tentative révolutionnaire qui auroit pour objet de renverser le trône, d'opérer un changement de dynastie. Ici je n'aurai qu'à répéter les paroles de M. le comte de Montlosier, et à montrer l'enchaînement de ses raisonnemens et de ses outrages. Mais j'ai encore une observation à faire : que l'ancien député d'Auvergne aux États-généraux, accoutumé à discuter des matières politiques, et forcé, comme il le dit lui-même, de devenir théologien, pour compléter sa science de publiciste, ait entrepris de traiter dans un gros livre des rapports du sacerdoce et de l'empire ; du danger de donner au clergé une influence sociale ; de la nécessité de réprimer des jésuites et des congrégations religieuses, qui tendent, selon lui, à faire au milieu de nous un peuple à part, essentiellement ennemi de nos institutions et de nos libertés ; rien de mieux sous l'empire de la charte et des lois qui régissent la presse. Que trompé par des renseignemens inexacts, et des docu-

mens incomplets, emporté même par une imagina-
tion depuis long-temps assez difficile à gouverner,
il ait avancé des faits chimériques et qu'il en ait
tiré des conséquences absurdes, M. de Montlosier est
homme, il fait des livres, il fait des erreurs, tout
cela est encore dans l'ordre; qu'enfin, il perde pa-
tience et qu'il porte ses plaintes aux tribunaux, contre
tout ce qu'il lui plaît d'appeler conspiration; qu'il
compromette, à tort et à travers, les hommes les
plus respectables et les plus belles réputations, M. de
Montlosier ne sera pas encore coupable aux yeux de
la loi, pour nuire en voulant servir: le public est juge
de semblables inconséquences; son blâme en est le
seul châtiment; mais que sous un gouvernement représentatif qui reconnoît des ministres responsables, il
affecte de jeter un voile sur le ministère, de faire personnellement l'éloge des ministres, pour mieux détacher le Roi du tableau qu'il trace et l'accuser seul des
maux qu'il raconte, maux si effroyables *que la France,
n'a d'autre espérance que la guerre civile pour en
sortir*, ce n'est plus erreur ni faute, c'est crime; il ne
s'agit plus ici d'une discussion passionnée, d'un pam-
phlet comme on en voit tant, mais d'un attentat qui
doit être jugé dans les tribunaux, selon toute la ri-
gueur des lois.

Dès le commencement de son mémoire, M. de

Montlosier manifeste le projet d'avilir la majesté des
Bourbons en faisant supposer que leur volonté s'est
mise elle-même sous l'oppression d'une congrégation
mystérieuse qui règne par eux. Je répète encore que
je ne prendrai point la défense des congrégations ;
vieux soldat de la royauté ', c'est la royauté que je
venge , et M. de Montlosier l'a dégradée, en publiant
qu'elle n'existe que comme un vil instrument de quelques prêtres.

» Louis XVIII n'étoit plus, dit-il (*Page* 3o). Son suc-
» cesseur, qui du vivant même du monarque, mais avec
» son consentement, avoit créé ce ministère, souffroit
» de s'en séparer. Comment abandonner des ser-
» viteurs qui dans de mauvais temps , ont été dévoués
» et qui continuent à demeurer fidèles ! J'ai lieu de
» croire que des négociations furent ouvertes à l'effet
» d'apaiser la congrégation. On imagina de faire entrer
» tout à-la-fois , le ministère dans la congrégation et
» la congrégation dans le ministère. Déjà les postes,
» la police de Paris, sa direction générale , avoient été .
» données aux affiliés; il ne manquoit plus que d'en-
» rôler les principaux ministres eux-mêmes. Je ne puis
» ou je ne veux rien affirmer de positif; je sais seu-
» lement que les bruits les plus ridicules en ce genre
» ont couru ».

Nous voyons déjà un commencement de domination

exercée sur le *Roi*, par une congrégation qui lui ar-
rache les fonctions les plus délicates et les plus essen-
tielles à la sécurité de l'Etat, pour les donner à ses
affiliés. Et maintenant que cette congrégation, am-
bitieuse et cachée soit montrée avec des caractères
infâmes d'hypocrisie et d'intrigue, plus elle sera
odieuse, plus le Roi qui s'en laisse maîtriser sera dés-
honoré. Ce n'est pas à moi à faire comprendre l'artifice par lequel M. de Montlosier arrive par degrès à
produire cet effet, seulement j'indique sa pensée,
telle qu'elle se montre aux moins clairvoyans dans
tout son livre.

Mais où elle commence surtout à se manifester, c'est
au chapitre 2 de la 3ᵉ. partie du Mémoire, où M. le
comte de Montlosier, prenant la chose de loin, établit la
distinction de la vie chrétienne et de la vie dévote, pour
faire entendre plus tard que le Roi en tombant dans les
pratiques de la vie dévote a perdu lui-même la grandeur
qu'il eût conservée, s'il eût été simplement fidèle aux
vertus de la vie chrétienne. Or il faut voir résumer en
peu de mots, cette distinction de M. de Montlosier,
pour mieux saisir les conséquences qu'elle entraîne né-
cessairement avec elle.

(*Page* 201.) « L'excellence de la vie dévote au-dessus
» de la simple vie chrétienne a pu être pour certaines per-
» sonnes un motif; pour d'autres elle a été un prétexte.

» Comme dans cette sphère toute particulière les règles,
» les rites, les commandemens sont plus multipliés et
» plus austères, le ministère du prêtre y devient d'au-
» tant plus important que l'amour qui multiplie les de-
» voirs, multiplie aussi les infractions... J'ai lieu de croire
» que ce goût d'importance, ce penchant à l'étendre
» par tous les moyens, est ce qui a porté le prêtre à em-
» barrasser la vie chrétienne de beaucoup de détails de
» la vie dévote (1) ; peu-à-peu il a été amené à les mêler
» l'une à l'autre et à les confondre. Faussant alors toutes
» les idées, forçant tous les rapports, il a cherché à
» rendre la vie dévote applicable aux habitudes, au
» mouvement, au besoin du monde. Il n'a pù y réussir.
» Il étoit inévitable que cette nouvelle espèce de chris-
» tianisme s'appliquant gauchement aux besoins de la
» vie mondaine, ne fût peu-à-peu tournée en dérision,
» éludée, repoussée, et que tombant en discrédit, elle
» n'entrainât dans sa chûte le christianisme lui-même ».
Je prie messieurs les avocats à qui je m'adresse, de
bien remarquer ces dernières paroles : *la vie dévote*

---

(1) La vie dévote, exactement définie, n'est que la perfection
de la vie chrétienne. Elle n'ajoute aucun devoir aux devoirs com-
muns à tous les fidèles ; seulement elle offre, dans des pratiques toujours libres, les moyens de les remplir avec plus de zèle et de fer-
veur. Elle est toute entière dans cette parole de S. Paul : *sivè man-*

est une œuvre des prêtres, elle est une nouvelle espèce de christianisme, et elle doit être inévitablement tournée en dérision, éludée, repoussée, tomber en dis-crédit, et entraîner dans sa chûte le christianisme : nous verrons tout-à-l'heure l'étonnante application de ce système. Voici que M. de Montlosier aborde la question délicate de l'autorité royale où doivent se rapporter toutes les pensées qu'il a d'abord exposées sous des points de vue généraux ; car le Mémoire à consulter n'est pas, comme on l'a dit, *le désordre par chapitres*. L'auteur va mettre en scène le Roi de France, et pour arriver à cette inconvenance nouvelle dans l'Histoire des factions, il a non-seulement besoin de tous les artifices du langage, de toute la ruse des so-phistes, mais il lui faut tantôt retenir sa pensée, tantôt la laisser courir comme à son insçu ; rétracter en apparence les insultes et les outrages, à mesure qu'ils se pressent dans sa narration ; les laisser tomber comme malgré

---

ducatis, sivè bibitis, sivè aliud quid facitis, omnia in gloriam Dei facite. M. de Montlosier a eu ses raisons pour la confondre avec la vie re-ligieuse et claustrale qui ajoute des vœux particuliers aux obligations générales ; mais je ne sais où M. de Bonald a pu prendre que la vie devote consistoit dans l'observation des Commandemens de l'Eglise.

lui, au milieu des éloges, recourir fréquemment à
des analogies, à des comparaisons à demi formées pour
que l'esprit du lecteur achève lui-même d'en trouver
le terme; affirmer en courant les imputations les plus
odieuses contre le Roi, et raisonner de suite de manière à faire entendre qu'il ne les a pas affirmées; répéter sans cesse qu'il n'a pas dit ce qu'il a dit, qu'il se
gardera bien de dire ce qu'il dit : écoutons donc les
ménagemens oratoires qu'il croit devoir employer; s'ils
trahissent, parce qu'ils ont de pénible et d'embarrassé,
ses véritables intentions et son véritable plan, ce n'est
point faute d'art, et s'il feint d'abord de demander
grâce pour l'acte de témérité qu'il va commettre, ce
n'est que pour mieux enfoncer les traits qui vont s'é-
chapper de sa main.

« S'il y a quelque chose qui en ce moment soit fait
» pour embarrasser ma pensée, c'est d'avoir à traiter
» en public des intérêts d'Etat que je ne puis éluder,
» puisque ce sont des intérêts de salut, lorsqu'en même
» temps, pour toucher les intérêts d'une manière con-
» venable, je suis obligé de m'approcher du trône, et
» en quelque sorte de la personne sacrée du Roi.
» Homme de la solitude, peu au fait des délicatesses
» du monde, encore moins des usages des cours, placé
» entre deux sentimens, l'un de respect, qui me pres-
» crit le silence, l'autre de fidélité, qui me porte à la

» défense d'un trône que je vois en danger, si je com-
» mets quelque faute, qu'elle me soit pardonnée ; car
» en vérité ma position est dificile, en même temps
» que ma démarche est nécessaire ». *P.* 257.

Mais d'abord quelle nécessité pouvoit-il y avoir de
s'approcher de la personne du Roi, dans un mémoire
à consulter contre l'esprit prêtre, la congrégation et
les jésuites ; quels sont les grands intérêts d'Etat, qui
ne pouvoient être traités d'une *manière convenable*,
sous l'empire de la charte, sans entrer dans la vie privée du monarque : l'auteur avoue donc qu'il auroit pu
absolument traiter de ces intérêts, sans mettre le Roi
en scène, puisque c'est seulement pour les présenter
d'une maniere convenable, qu'il s'approche en quelque sorte de la personne du Roi. Mais ne nous arrêtons
pas à ce début ; assez d'autres inconvenances réclament
notre attention. Il continue :

« Un fait que je dois rappeler comme essentiel pour
» l'objet de ce chapitre, c'est que dans aucun temps
» l'avénement d'un Roi de France, ne s'est annoncé
» sous des auspices plus rians. Ce n'est pas seulement la
» ville de Paris, c'est la France toute entière qui a voulu
» assister à cette fête : *et tu vivificabis nos et plebs tua*
» *lœtabitur.* Jamais ces paroles du prophète n'ont été
» plus complètement justifiées ».

M. le comte de Montlosier ajoute qu'on chercheroit

vainement à expliquer cet enthousiasme par les causes vulgaires qu'on entend quelquefois interpréter; mais il aperçoit cette cause unique : « On avoit entendu parler si souvent de Rois philosophes, de Rois citoyens; on diroit qu'une curiosité amoureuse a transporté la France à l'idée de voir sur le trône un Roi *chevalier* ».

« Ce Roi n'a pas plutôt pris les rênes de l'État : » Qu'est-ce que toutes ces entraves? dit-il, qu'est-ce » que cette censure? ils m'aiment, et ils veulent être » libres; qu'ils le soient! C'est précisément ce que le » christianisme dit à ses enfans. Le royaume de France » est désormais proclamé à toute l'Europe comme un » royaume d'amour et de liberté ». *Pag.* 258 et 259.

On diroit que M. le comte de Montlosier se propose de célébrer par un tel langage ce Roi *chevalier*, accueilli par l'enthousiasme. M. le comte connoît l'art des contrastes. La suite va nous montrer sa pensée.

Page 259. « Cependant deux ans sont à peine » écoulés, j'ai à décrire une autre phase. Quelle est » cette apparence nouvelle? qu'est-ce que ce silence » inaccoutumé? j'ai vu passer avec toute la pompe des » cours, le Monarque, objet de notre culte. Autrefois, » tout se pressoit sur son passage; aujourd'hui sans » doute, le fond de respect et d'affection se conserve. » Pourquoi les témoignages ne sont-ils plus aussi vifs?

» On a dit : le silence du peuple est la leçon des Rois ;
» c'est bien ; mais ici, n'y a-t-il que du silence ? »

N'y a-t-il que du silence ? que signifie cette parole
terrible ? n'est-elle pas une grande menace, ou une
affreuse témérité ? c'est en tremblant que je poursuis ;
car je vois que je vais arriver par degré à des excès de
licence, dont la France n'avoit pas eu d'exemple depuis la restauration.

Page 260. « Tandis que je médite cette pensée, —
» dit M. de Montlosier, je vois passer un convoi fu-
» nèbre ; cent mille citoyens l'accompagnent. Toute la
» fortune de Paris et celle de la France, semblent vouloir
» se précipiter pour doter sa famille. Quel est l'objet de
» ces transports ? est-ce quelque chose comme Malbo-
» rough, à son retour en Angleterre ? est-ce le maré-
» chal de Villars, après la bataille de Denain ? non,
» c'est un simple brave homme de guerre, qui a eu du
» talent dans les combats et de l'éloquence à la tribune,
» mais qui pourtant, dans ces deux carrières où il a
» mérité l'estime, n'a jamais figuré que dans une se-
» conde ligne.

» Quelque énigme est cachée dans ces démonstra-
» tions ».

Nous la trouverons l'explication de cette énigme : quelque chose se sera passé autour du trône ou sur le trône,
qui nous interprètera le mystère de ce scandale ? Mais

n'est-ce pas un autre mystère de voir M. le comte de Montlosier opposer au silence qui suit la pompe de la royauté, l'empressement tumultuaire de cent mille mécontens qui vont honorer le tombeau d'un général de Bonaparte. Enfin, revenons à l'énigme que M. de Montlosier promet d'expliquer. Quant à ses propres scandales, il me suffit de les signaler : je n'explique pas comme lui *les mystères de l'orgueil*. Voici comme il arrive à révéler sa pensée :

« Louis XIV fut un très-grand Roi ; la France et les » nations étrangères lui portèrent un grand respect. Si » je le considère au déclin de sa vie, je vois ce respect » effacé. Mourant, il est couvert de malédictions : à ses » funérailles, on a peine à le défendre des fureurs de » Paris.

« Louis XV, enfant, n'est rien ; mais dès qu'il a pris » les rênes du gouvernement, toute la France l'adore. » Il est malade à Metz : c'est la France entière qui l'est » avec lui. On lui donne le titre de bien aimé avec l'ef- » fusion la plus vraie et la plus vive. Actuellement ce même » prince, si je le considère dans le cours de sa vie, je ne » trouve auprès de lui rien de cette ancienne affection.

» Voilà des faits, cherchons les causes.

» A l'égard de Louis XIV, est-ce parce qu'il est » prince religieux, que l'amour des peuples s'éloigne » de lui ? Saint Louis fut le plus religieux de tous les

»rois; il fit de grandes actions , il commit même des
» fautes. Jamais l'amour des Français ne l'abandonna.

» A l'égard de Louis XV , est-ce par ce qu'il a des
» maîtresses , que l'estime publique lui est refusée ?
» Mais Henry IV a été en ce genre aussi léger qu'il est
» possible. La France a souri de ses foiblesses ; elle ne
» lui en a point fait un crime.

» Ah ! c'est que ce qu'on regarde comme les mêmes
» choses , ne sont pas toujours les mêmes choses. Des
» nuances légères en apparence apportent des différen-
» ces immenses. Saint Louis courbé sans cesse devant
» Dieu , sait se relever auprès d'un pape qui s'écarte,
» et d'évêques qui se fourvoient ; Louis XIV , au con-
» traire, plié insensiblement par une femme et par un
» prêtre , tombe et ne se relève plus.

» De son côté, Henry IV joue avec ses foiblesses, et
» ne s'en laisse pas maîtriser ; Louis XV se laisse en-
» vahir.

» J'ai trouvé par cela seul les causes que je cherchois.
» Qu'un peuple soit libre ou qu'il ne le soit pas , il lui
» déplaît d'avoir au-devant de lui un chef asservi : les
» esclaves n'aiment point à obéir à des esclaves ». *Pages*
261—265.

Aurons-nous enfin l'application de ces exemples si
détournés ? M. de Montlosier sent que cette application
sera odieuse, et il dit qu'il ne la fera pas. Ces paroles

sont d'une hypocrisie remarquable ; il faut les entendre.

« Pour ce que j'ai à établir dans ce chapitre , j'ai
» sans doute besoin de ces exemples. Je me hâte de
» dire, et j'ai peut-être trop tardé, qu'en ce qui con-
» cerne le Prince qui est sur le trône , ils n'ont aucune
» application ? »

Vit-on jamais le mensonge s'échapper avec cette ironie amère ? à qui donc s'appliqueront-ils ? Tout à l'heure,
M. le comte va s'accuser lui-même d'hypocrisie.

« Certes, continue-t-il , ce n'est point à moi à savoir
» ce qui se passe dans l'intérieur d'un palais. J'ai en-
» core moins à m'occuper de ce qui appartient à la vie
» privée d'un Souverain ; et cependant je me permettrai
» de dire que s'il étoit vrai que notre bien-aimé Monar-
» que eût , comme saint Louis, embrassé la vie dévote,
» ce seroit un évènement dont la France n'auroit en
» aucune manière à s'attrister ; mais, bien au contraire,
» à se glorifier et à se féliciter. Ce seroit pour elle , en
» même temps qu'une garantie de plus pour les sermens
» faits à ses libertés, une garantie non moins heureuse
» pour l'accomplissement des devoirs de la royauté ».

Déjà nous voyons de grandes contradictions se manifester , et l'odieux d'une attaque outrageuse pour le
Roi, s'échapper du milieu de tous les artifices de langage. Quoi ! il faudra se *glorifier* et se *féliciter*, si le

Roi a embrassé la vie dévote, cette vie , qui est une nouvelle espèce de *christianisme,* qui ne peut être que *tournée en dérision , éludée , repoussée , et tomber en décrédit !* Qu'est-ce qu'une telle hypocrisie ?

Les autres ruses de M. de Montlosier laisseront percer le même odieux.

Page 264. « Sur cela même, dit-il, il se présente » une observation importante. Dans un moment où des » prêtres imprudens prônent partout en ce genre l'éclat » et le bruit , je ne puis me dispenser d'admirer le soin » de réserve et de modestie qu'un pieux Monarque met » à couvrir aux yeux des peuples ce que je regarde » comme le premier lustre de sa vie. Charles X s'éle- » vant au-dessus de la vie chrétienne ordinaire, s'est » voué à la vie dévote. Si cela est , c'est beau, c'est ad- » mirable; mais qui le sait ? »

L'ironie , comme on le voit , marche par degrés; mais il faut croire que M. de Montlosier a besoin de toutes ces préparations pour arriver à quelque témé- rité plus éclatante. Qu'on voie avec quel soin il insiste sur ce grand éloge du Roi , au sujet de sa *vie dévote ,* de cette vie qu'il va tout à l'heure déshonorer et flétrir.

« Si , ce qui seroit très-beau, le Roi a renoncé à la » vie chrétienne pour embrasser la vie dévote, n'est- » il pas admirable qu'auprès des simples chrétiens il » n'en paroisse rien dans ses actes ? Ce n'est pas tout ;

»on sait combien , dans d'autres temps, la place de
» confesseur du Roi a eu d'importance. Cette place si
» célèbre sous les Pères Cotton, les Pères Lachaise , les
» Pères le Tellier : qui l'occupe aujourd'hui ? j'entends
» dire que c'est un prêtre obscur, un simple habitué de
» paroisse , un homme que personne ne connoît.

» Ce n'est pas en ce seul point que notre Monarque
» mérite notre admiration et nos affections. S'il appar-
» tient, comme on le dit, à la vie dévote , combien ne
» lui aura-t-il pas fallu de bonté et d'amour pour se pro-
» duire , comme exemple de condescendance et de sa-
» crifice, dans ces enceintes qu'on dit être prohibées
» par la vie chrétienne , mais qui le sont certainement
» par la vie dévote ! Je veux parler des spectacles ».

Voilà donc les combats de la conscience du Roi ex-
posés au grand jour. M. de Montlosier divulgue des
secrets impénétrables aux yeux des hommes. Il montre
le Roi luttant contre des obligations de *la vie dévote* ,
obligations mesquines sans doute dans la pensée de
M. de Montlosier, qui les a d'ailleurs assez définies
dans le reste de son livre; obligations différentes de
celles de la vie chrétienne , et seulement imaginées par
les prêtres. N'est-ce pas là une grande profanation
de la dignité du Monarque, de le montrer assujetti à
des devoirs humilians , et cependant tellement soumis,
qu'il lui faut faire un grand *sacrifice*, et en même temps

(51)

un grand *effort de bonté et d'amour* pour vaincre cet enchaînement de sa conscience?

« J'avoue, dit M. de Montlosier, que ce n'est pas » sans quelque souffrance que je cite ici ce trait parti- » culier ».

Il sent donc qu'il y a dans cette hardiesse une grande inconvenance et quelque chose d'outrageant pour le Monarque. La témérité devient plus sensible par ce qui suit.

Page 266. « Si les spectacles sont, comme le veu- » lent certains prêtres, une chose interdite, aucune » raison ne doit engager un prince chrétien à y assister : » la raison d'Etat pas plus qu'une autre. Cette raison » d'Etat, fut-elle réelle autant qu'elle est frivole, ce se- » roit le cas de dire ce qu'un de mes plus nobles amis, » M. Bergasse, disoit à un grand Souverain du Nord : » *Là où l'éternité parle, le temps doit se taire.* En » réalité, il n'y dans cette occurrence aucune applica- » tion de la raison d'Etat : il n'y en a pas davantage des » préceptes de la vie chrétienne; mais je crains qu'il » n'y ait une grande infraction à la vie dévote ».

Je n'avois donc pas besoin de le démontrer, puisque M. de Montlosier le dit lui-même. Le Roi, entré une fois dans la vie dévote, a commis *une grande infraction* à ses devoirs, en allant aux spectacles. Voilà le Monarque jugé par un sujet; et comme cette infraction ne

4 *

touche point *aux préceptes de la vie chrétienne*, il
sembleroit d'abord qu'elle n'a par conséquent aucune
importance réelle. Mais plus elle est innocente par rapport au *vrai* christianisme, plus on abaisse et on humilie le caractère du Roi, en le montrant soumis avec
scrupule à des pratiques étroites qui ne sont pas des devoirs réels, et par conséquent cette grande admiration
pour le Prince qui fait des *sacrifices* pour vaincre la
résistance de sa conscience, se change en une pitié
profonde et une amère dérision. N'est-ce pas là la con-
séquence de tout ce passage ? Le reste nous dévoilera
davantage toute l'hypocrisie de M. de Montlosier.

« Dans cette vie particulière, il ne faut pas oublier
» que les devoirs étant plus rigoureux, les observances
» sont plus sévères. Dieu ne demande pas de nous que
» nous quittions la vie du monde pour venir à lui : il
» nous a fait expressément pour elle ; nous y sommes
» sous ses lois et sous sa protection ; mais si nous la
» quittons une fois, ce n'est pas sans danger que nous
» voudrons la reprendre. Abandonner Dieu alors, c'est
» vouloir qu'il nous abandonne ».

Qu'est-ce que toutes ces sentences ? n'est-ce pas dire
que le Roi, engagé dans les pratiques de la vie dévote,
y est engagé pour toujours ; ou bien, pour interpréter
franchement la pensée de M. de Montlosier, que le
Roi tombé dans une espèce de christianisme, digne du

mépris des hommes, n'a plus de moyens d'échapper lui-même à ce mépris ? Je le demande à ceux qui savent lire. Et M. de Montlosier n'a-t-il pas honte après cela de venir proférer cette grande maxime : *Qu'abandonner Dieu, c'est vouloir qu'il nous abandonne ?* Voici d'autres attaques qui vont compléter ce système, je ne dis pas de diffamations, mais de profanations de la sainte majesté du Roi.

« Etant à Dresde, (*P.* 267-268) et causant avec un sei-
» gneur saxon sur la singularité d'un roi catholique
» gouvernant un peuple luthérien, je lui demandai si
» la bonté connue du roi ne le portoit pas quelquefois,
» par condescendance, à retrancher auprès de ses sujets
» luthériens quelque chose de ses devoirs catholiques ;
» je compris à sa réponse que toute la Saxe luthérienne
» seroit désolée que son roi catholique ne remplît pas
» dans toute son intégrité ses devoirs catholiques. Dans
» la supposition où notre monarque eût embrassé la vie
» dévote, je puis dire de même que la France chré-
» tienne seroit désolée que, par condescendance pour
» elle, il ne remplît pas tous les devoirs qui appar-
» tiennent à la vie dévote.

» Dans le fait, la présence royale à nos spectacles est
» la chose du monde la moins nécessaire. Soigner à
» l'intérieur du palais nos jeux, nos amusemens ; veiller
» à ce qu'il s'y observe de l'ordre et de la décence,

» voilà tout ce qui convient à une autorité royale et
» paternelle. Et cependant il m'a convenu de m'appe-
» santir sur cet exemple, comme étant une preuve de
» plus de ce ressort de l'ame, de ce pouvoir de résis-
» tance avec lequel un enfant de Saint-Louis, à l'imi-
» tation de son auguste aïeul, a su se défendre, dans
» ce sujet délicat, de l'exagération des prêtres à qui on
» pourroit le croire subordonné. »

Il y a tant de contradictions dans tout ce langage
qu'on ne sait comment les faire ressortir. Il est pourtant
aisé de les comprendre. Nous avons vu le Roi commettre
une *grande infraction à la vie dévote*. Est-ce un éloge,
est-ce une censure ? Ce sera l'un et l'autre suivant le
caprice de M. de Montlosier. C'est un éloge, puisqu'il
a fallu au Roi un grand effort *de bonté et d'amour* pour
vaincre sa conscience. C'est une censure, puisque
abandonner Dieu, c'est vouloir qu'il nous abandonne.
Et ensuite la *France chrétienne* est positivement dans
la position de la Saxe par rapport à son Roi ; elle veut
qu'il soit fidèle à sa Religion, à sa *nouvelle espèce de
christianisme*. C'est donc encore une censure du Roi,
s'il est infidèle à ses propres engagemens. Mais l'éloge
se reproduit de nouveau, car le Roi, à l'exemple de
Saint-Louis, *a su se défendre de l'exagération des prêtres, auxquels on pourroit le croire subordonné* :
Qu'est-ce que tout cela ? Que signifie ce retour alter-

natif d'apologie et de reproches ? Ah ! M. le comte de
Montlosier s'inquiète peu de dire des choses contra-
dictoires, pourvu que de tout son discours il résulte
une opinion contraire au caractère, à l'esprit, et aux
lumières du Roi, et voilà le résultat de tous les passages que j'ai rappelés. Continuons l'analyse du mémoire.

(P. 269.) « Après avoir établi que les exemples cités
» précédemment ne s'appliquent point à la conduite
» particulière du Roi ; cependant, comme je ne les ai
» cités que parce qu'ils se rapportent à quelque chose
» de sa position, il me reste à montrer sur quelle partie
» frappe cette application. » Je ne parlerai plus de l'hypocrisie de tout ce langage ; on connoît à présent les
ruses de M. de Montlosier. Suivons ses idées.

« Les peuples auprès de leur souverain (270) éprou-
» vent toujours dans leur obéissance deux sortes d'im-
» pressions : l'une, du caractère propre de cette
» obéissance ; l'autre, de ses conséquences. Il me sem-
» ble qu'ils peuvent subir une obéissance qui est dure,
» pourvu qu'en même temps elle soit noble et qu'elle
» les conduise à un but qu'ils connoissent et qu'ils affec-
» tionnent. Si l'obéissance est honteuse, si elle est de
» nature à faire craindre une déviation plus ou moins
» prochaine du but qu'elle doit avoir pour objet, eût-
» elle les formes les plus douces, elle pourra devenir

» insupportable, occasionner des murmures, bientôt
» des résistances.

« J'attache un grand prix à cette définition de l'o-
» béissance; je demande à cet égard un peu d'atten-
» tion. »

Et moi aussi je demande un peu d'attention à tous
les Français qui aiment le Roi, et qui vénèrent la majesté de sa couronne. Car si les raisonnemens de M. de
Montlosier conduisent à faire supposer qu'aujourd'hui
l'obéissance n'est ni *dure* ni *noble*, mais *douce* et *honteuse*, je demande si ses discours ne sont pas une grande
provocation aux *résistances*, c'est-à-dire aux révoltes
et aux révolutions.

« J'ai cité, dit-il, l'exemple du roi de Saxe. La reli-
» gion catholique que professe ce monarque peut avoir
» donné quelquefois des exemples d'intolérance ; mais
» le monarque, soumis comme chrétien, sait qu'il ne
» doit pas l'être comme souverain. En ce point personne
» ne doute de sa fermeté et de sa loyauté. Cependant,
» qu'on me permette une supposition.
» Roi catholique, il a de nombreux amis catholi-
» ques. Peu à peu ces amis catholiques circonviennent
» sa personne et remplissent sa Cour. Peu à peu les grands
» offices sont donnés à des catholiques. C'est d'abord
» l'administration des postes, bientôt la police de la
» capitale, ensuite celle de tout le royaume. A la fin

» congrégation, moines de toute couleur et de toute
» espèce, prédications, missions, c'est une invasion gé-
» nérale. A ce spectacle la contrée, qui se voit saisie
» par ce mouvement nouveau, commence à s'alarmer.
» Dans le Roi, sans doute, ce sont toujours les mêmes
» sentimens; ce n'est pas assez. Comme dans sa posi-
» tion et dans la position des choses, autour de lui tout
» change, l'obéissance s'inquiète; de toutes parts elle
» murmure. »

M. de Montlosier ne nous dira plus sans doute que
cet exemple du roi de Saxe est sans application à notre
auguste monarque. Changez les termes de catholique
et de luthérien, en ceux de dévot et de chrétien, et
vous voilà en France. Tout le reste est un affreux outrage sous d'autres noms.

« Telles sont les dispositions de l'obéissance, ajoute
» M. de Montlosier, quand elle a lieu de craindre, de la
» part de l'autorité, une déviation du but qu'elle affec-
» tionne, et qu'on commence à lui faire perdre de vue.

» J'ai annoncé dans l'obéissance d'autres dispositions
» qui proviennent de la honte. Celles-là ne sont pas
» moins fâcheuses. Ceci a besoin d'une explication par-
» ticulière. »

Nous touchons à des choses décisives; j'ai besoin
de tout mon courage pour transcrire les paroles auda-
cieuses de M. le comte de Montlosier.

« A cet âge délicat, où un petit être qui n'est plus
» tout-à-fait enfant, n'est pas encore tout-à-fait jeune
» homme, si sa gouvernante qui avoit l'habitude d'être
» auprès de lui, prolonge trop long-temps ses fonctions,
» l'autorité de celle-ci aura beau être douce, ses soins
» bienfaisans, ces soins et cette autorité pourront de-
» venir importuns.

» Qu'y a-t-il de plus obéissant qu'un soldat? L'auto-
» rité qu'il a à subir est quelquefois dure. Il la subit
» toutefois parce qu'elle est noble et qu'elle a un grand
» objet. Qu'on fasse venir à la parade des Tuileries
» pour la commander, non plus tel ou tel maréchal de
» France avec leurs insignes militaires, mais M. le chan-
» celier de France en simarre, ou M. le premier prési-
» dent de la Cour royale en robe rouge ; ce n'est pas
» tout : qu'un colonel lui-même imagine de venir un
» jour en habit bourgeois commander l'exercice à son
» régiment ; il verra ! »

Ceci s'appliquera-t-il enfin à la position de Charles X ?
Oui ; et M. de Montlosier n'aura plus besoin de ses précautions artificieuses. Il va désormais parler avec liberté.

« Il faut le dire franchement (*page* 273.) : l'obéis-
» sance aujourd'hui en France présente ces deux sortes
» d'impressions. Avec des formes douces, d'un côté
» elle semble ne pas conduire au but que tout le monde

» affectionne; d'un autre côté, elle se présente avec
» des formes qui font souffrir. Si la France qui est chré-
» tienne, mais qui n'est pas dévote, se trouve sous un
» Roi qu'on dit dévot, circonvenue par des hommes de
» la vie dévote; de cette manière elle sera dans la posi-
» tion que j'ai décrite de la Saxe luthérienne, qui, sous
» un roi catholique, se rempliroit d'une prépondérance
» catholique. Par tout le manège d'aujourd'hui, la li-
» berté des consciences et la spontanéité des actes reli-
» gieux sont menacés; la sécurité, relativement à nos
» libertés civiles et politiques, l'est encore davantage. »

Ce roi de Saxe qui laisse honteusement envahir son empire par des moines, des congréganistes et des missions, qui justement leur livre, comme on l'a fait en France, la police et les postes, et qui *alarme ainsi toute la contrée*, et qui *excite les murmures*, c'est donc, de l'aveu de M. de Montlosier, Charles X en personne. Qu'avions-nous besoin d'interprétations ? Voici Charles X accusé de se mettre hors de la religion de son peuple, et de jeter le trouble dans les consciences. Jamais accusation ne fut plus grave, ni plus propre à faire naître des agitations dans la France. Ce n'est pas seulement un oubli du respect que l'on doit à la majesté du monarque, c'est un appel aux révoltes religieuses, c'est une provocation à la guerre civile.

Tout n'est pas dit; car M. de Montlosier nous a pro-

mis de parler de ce caractère de *honte* qui est imprimé
quelquefois à l'obéissance, et qui la rend si pénible,
alors même qu'elle paroît si douce. Voyons l'explication de ce nouveau mystère.

« Lorsque l'obéissance est ainsi inquiétée dans son
» objet (273, 274, 275), si la honte vient la flétrir en-
» core par ses accompagnemens, comment pense-t-on
» qu'elle pourra se supporter ? qu'on y fasse bien at-
» tention ! la France a pu s'accommoder du joug de
» Louis XIV, tout entouré qu'il étoit de bastilles et
» de dragonnades ; ce joug étoit tout éclatant de con-
» quêtes et de gloire ; de plus, c'étoit le prince même de
» toute sa hauteur qui l'imposoit.

» A une autre époque, lorsque la France humiliée du
» joug de quelques hommes de loi, se décida à passer
» sous celui d'un homme de guerre, la dureté de ce
» nouveau joug, imposé par une grandeur individuelle,
» offrit pour compensation un grand éclat.

» Il ne reste plus qu'à faire l'application de ces
» exemples. Aujourd'hui, le Roi, paré de toute sa gran-
» deur personnelle, du lustre de sa race, et de celui de
» la légitimité, veut-il imposer à la France son propre
» despotisme !... Je dirai plus : même le gouvernement
» féodal qu'elle a en aversion ! ce sera difficile, et ce-
» pendant je ne dirai pas que cela soit impossible.

» D'abord, c'est qu'auprès des princes comme au-

» près des femmes, il y a dans le servage des com-
» pensations nobles de dévouement et d'amour; ensuite,
» c'est qu'à l'égard du gouvernement féodal même, il
» y a dans ce régime antique, tout inapplicable qu'il
» soit aux temps présens, des parties d'éclat et de gran-
» deur qui offrent une balance. En vérité je ne voudrois
» pas répondre que le rétablissement des tournois n'a-
» musât beaucoup tout le peuple de Paris, et que les
» dames, si le costume antique leur alloit bien, ne
» raffolassent de ce spectacle.

» » Dans le cas présent, ce n'est pas ça, il n'est question
» ni de joutes ni de tournois; il n'est question ni d'éclat
» ni de gloire; l'obéissance ne semble pas même ap-
» partenir au Roi. Il a beau paroître seul sur la scène
» avec les insignes de son autorité, les coulisses sont
» supposées remplies de prêtres qui dirigent cette au-
» torité ».

Enfin la voilà tout-à-fait expliquée cette espèce d'o-
béissance *douce* et *honteuse* qui pèse aujourd'hui sur
la France. Le Roi, de lui-même peut tout, il pourroit
même rétablir le gouvernement féodal; mais il faut
qu'on sache que c'est lui qui agit; M. le comte de
Montlosier le déclare ainsi, et alors l'obéissance, quelque dure qu'elle soit, reste facile, parce qu'elle est
noble. *Dans le cas présent ce n'est pas ça*, c'est-à-dire
dans le cas présent le Roi n'agit pas de lui-même; le

Roi est humilié par des prêtres qui commandent sous son nom; le Roi n'est pas Roi; et alors l'obéissance est honteuse, et bien qu'on n'impose point aux sujets des choses dures à porter, l'obéissance est cruelle parce que *la honte vient la flétrir par ses accompagnemens.* N'est-ce pas montrer autant qu'il est possible, la royauté dégradée? n'est-ce pas soulever contre elle l'indignation des peuples? n'est-ce pas faire retentir le signal des révoltes? J'adjure ici la France royaliste : quel plus grand outrage pouvoit tomber sur le trône de S. Louis? et pour une nation délicate sur le point d'honneur, reste-t-il un moyen de rendre encore vénérable la majesté du souverain, après qu'on l'a ainsi montrée, dans un avilissement profond et soumise à la volonté capricieuse de quelques prêtres intrigants, ou à des pratiques d'une dévotion mesquine et aveugle ?

» J'avois à expliquer, dit en finissant M. de Mont-
» losier, la cause d'une certaine décadence dans la po-
» pularité du Roi. Cette cause n'est pas en lui; pour
» lui tout amour, tout respect, tout honneur; la cause
» est dans les choses qui l'obsédent et dans les per-
» sonnages qui l'entourent ».

Que M. de Montlosier tourne en tout sens, tant qu'il voudra, cette pensée artificieuse. Toujours est-il que le Roi *est obsédé par des choses, et entouré par des per-*

sonnages qui éloignent de lui la popularité. C'est-à-
dire, que c'est lui enfin qui se laisse dominer et humilier par ces choses et ces personnages ; et c'est encore lui qui est rendu odieux à la nation pour son aveu-.
glement et ses foiblesses ; et lui toujours qui est accusé et mis en sçène dans une arène violente, où son
nom vénérable ne devoit jamais être produit.

J'ai suivi l'ordre des pensées de M. de Montlosier,
dans le chapitre de son Mémoire, qui est principale-
ment relatif à la Royauté. Je ne sais s'il est nécessaire
de faire voir comment ces pensées odieuses ont été
confirmées dans la *Dénonciation* : je me bornerai du
moins à quelques rapprochemens.

Ici je trouve encore M. de Montlosier, avec sa distinction de la vie chrétienne et de la vie dévote, de
l'obéissance qui est noble et de l'obéissance qui est
honteuse, et toujours c'est le même système de dé-
gradation et d'avilissement de la majesté du Monarque.
Je ne saisirai que quelques points principaux ; car il
est aussi trop douloureux pour un vieux royaliste, de
signaler des scandales et des outrages qui sont toujours les mêmes sous diverses expressions.

« *Obéissance honorable !* s'écrie M. de Montlosier ;
» (*Page* 149.) elle nous avoit été annoncée à la première
» restauration, elle nous fut confirmée à la seconde :
» ce fut la volonté constante de Louis XVIII.

« Ce n'est pas que, depuis l'origine des choses, il
» n'eut été obsédé de plusieurs extravagances. La pro-
» mulgation, à St.-Ouen, de la charte constitutionnelle,
» fit justice des folies politiques. Un mode de gouver-
» nement nouveau, appelé représentatif; une nouvelle
» activité donnée à tous les talens et à toutes les lu-
» mières; la mise en dehors de tous les mouvemens
» de l'administration, préservatif puissant contre les
» scandales, avoient, dès la première restauration,
» fait avorter des conceptions insensées. A la seconde
» restauration, quelque chose de l'ancienne lie, put
» demeurer encore dans certains vases. Grâce à la vo-
» lonté royale, cette lie n'osa plus se montrer ».

Un peu plus bas (*Page* 152.), M. de Montlosier
s'exprime en ces termes :

« Malgré le respect que j'ai pour la mémoire de
» Louis XVIII, je n'hésite pas d'accuser ici sa foi-
» blesse. En même temps qu'avec sa charte, il étoit
» parvenu à abattre une multitude de prétentions
» surannées, si du côté religieux, il avoit su abattre
» de même les prétentions du clergé, il eût assuré le
» repos de la France. Point du tout, après nous avoir
» délivrés des intempérances politiques de Londres et
» de Coblentz, il regarda comme une merveille de nous
» livrer à celles des prêtres. A la première restauration,
» il avoit débuté par des missions et des processions;

» manière, donner un appui à l'autorité Royale ; il ne
» pouvoit rien faire de mieux pour la compromettre.

» Toutefois, tant qu'il vécut, cet inconvénient fut
» tempéré ; après sa mort, il a passé toute limite ».

Charles va donc revenir encore sur la scène. Mais
à mesure que M. de Montlosier fait des progrès dans
sa marche de dénonciateur, son langage devient plus
téméraire. Ainsi après avoir exposé certaines règles de
sagesse qu'il indique aux gouvernemens, il reproche
ouvertement au Monarque de les avoir laissé violer.

Page 159. « Depuis l'avènement de Charles X, dit-il,
» ces règles sont chaque jour imprudemment et impu-
» nément violées. Cette violation atteste la main mise
» sur l'autorité Royale, sur la magistrature ainsi que
» sur la société. Elle annonce non la soumission reli-
» gieuse, mais un commencement d'asservissement
» politique ».

Toujours, comme on le voit, le Roi est montré sous
des couleurs de foiblesse, et des apparence honteuses
d'humiliation. M. de Montlosier va même jusqu'à
lui reprocher (*Page* 161) d'avoir laissé *engager la
majesté Royale à de certaines solennités* religieuses,
*dont plusieurs cours souveraines ont jugé à propos de
se défendre*; et par ces mots on désigne sans doute les
dernières solennités du jubilé, les seules dont quelques cours Royales se soient jusqu'ici défendues. N'est-

ce pas là en effet, une de ces vaines pratiques de la
vie dévote, que M. de Montlosier a flétries de ses mépris? Mais alors nous entendons vraiment le sens iro-
nique des félicitations qu'il adressoit en commençant
à Charles X, pour avoir eu le courage d'embrasser
cette vie, qui devoit devenir ensuite une occasion d'of-
fenses personnelles.

M. de Montlosier recourt souvent à cet artifice des
apologies mensongères et ironiques. Il dit : « Dans un
» Etat régi par d'anciennes mœurs, d'anciennes ins-
» titutions, d'anciennes lois, cette coexistence habi-
» tuelle, intime, d'un Prêtre avec un grand personnage,
» quel qu'il soit, chargé du gouvernement des hommes,
» présente toujours à la société quelque péril. L'exemple
» de St. Louis, et *jusqu'à présent* celui de Charles X,
» atténue cette crainte ». *Page* 165.

Jusqu'à présent ! Voilà l'apologie ; et certes elle est
digne d'être profondément méditée. Mais écoutons la
suite dont elle est une préparation.

Page 166. « Cependant, si un État tel que celui
» d'aujourd'hui, mal pris encore dans ses comparti-
» mens, et n'ayant pas par conséquent tous ses moyens
» de défense, se trouvoit, de quelque manière, sous la
» direction absolue d'un Prêtre, que deviendroit, dans
» les choses civiles, un ministère civil courbé sous cette
» influence? que deviendroit le Souverain lui-même?

» à qui on répéteroit sans cesse ces paroles d'un pieux
» empereur, prônées par Bossuet; *nihil negare pos-*
» *sum cui per Deum omnia debeo !* quelle force lui
» resteroit-il pour contester ou pour refuser à l'ange
» dont parle St. François de Sales, descendu du ciel
» pour nous mener !

» Dans ce péril imminent, les uns (et c'est tout le
» parti dévot) se rassurent sur la protection de Dieu ».

Ainsi le péril est imminent ; et il vient de ce que
l'Etat est *sous la direction absolue d'un prêtre.* C'est
ici qu'il faut dire : *l'Etat, c'est le Roi.* La chose est
évidente dans tout ce passage. Le Roi n'y est pas
personnellement nommé ; la direction absolue de
ce *prêtre* mystérieux y est aussi présentée comme une
chose douteuse. Mais ce qui n'est pas douteux, c'est que
l'Etat est en péril; et si M. de Montlosier a environné
de quelque incertitude les causes du danger , c'est qu'il
a compté sur l'intelligence des lecteurs ; et il ne se plaindra pas qu'elle l'ait deviné.

Toutefois continuons de lire; nous le verrons nommé,
ce Roi, dans des passages qui sont le développement de
celui que je viens de transcrire. Car si *le peuple dévot*
compte sur la protection de Dieu , cette protection
peut manquer à la France , dans cet état lamentable
que M. de Montlosier peint avec de vagues mais si ter-
ribles couleurs.

(68)

Page 172. « Vous me direz : Nous ne sommes plus
» en 1789. Aujourd'hui nos cadres et nos combinaisons
» de forces sont plus assurés. C'est bien. Le peuple de
» Paris , exaspéré , se soulèvera un jour comme au temps
» des sections , et vous le comprimerez. Je vais vous
» dire dans ce cas ce qui arrivera.

» J'ai vu quelquefois, à la suite d'un grand orage ,
» les deux rues du Bac et de saint Honoré remplies de
» bord en bord d'une eau trouble et noirâtre. Vous
» pourrez avoir quelques jours dans ces deux rues un
» ruisseau semblable : il ne sera pas de cette couleur ».

Quelle est cette image hideuse , grand Dieu ! quoi !
je la trouve à la suite d'une accusation portée contre
le Roi , et dans laquelle on le représente comme un
Prince livré à la merci des prêtres , et tombé dans l'a-
vilissement par les pratiques de la vie dévote ! N'y a-t-il
donc plus de patriotisme dans la France , si de telles
horreurs n'ont pas soulevé toutes les ames ? Et ici je ne
récrimine pas témérairement contre M. de Montlosier.
Voici ce qu'il ajoute immédiatement après la dégoû-
tante image qu'il a jetée sous nos yeux.

« *Comment !* Mais c'est donc une rage de vouloir
» obéir seulement à son Roi , à ses magistrats , à ses lois,
» et de ne vouloir pas absolument supporter le joug si
» doux de quelques bons moines et de quelques bons
» prêtres ».

« Oui.

» Pendant la vie de Louis XVIII , cette marche du
» gouvernement, qui commençoit à se manifester, étoit
» menaçante. Sous quelques rapports , cependant , les
» écarts étoient contenus. Depuis l'avènement de Char-
» les X , ils se sont multipliés ; ils ont porté de diverses
» manières l'irritation et l'épouvante ».

Ce n'est plus moi qui accuse maintenant; le langage
de M. de Montlosier est à lui-même son accusation. Et
je le demande, les oreilles françaises avoient-elles entendu jusqu'ici quelque chose de semblable ? Ces grandes profanations de la majesté royale semblent rappeler
les temps révolutionnaires, où le Monarque étoit aussi
personnellement signalé comme l'auteur et le provoca-
teur des désordres qui tourmentoient le Royaume. Se-
roit-ce donc qu'on veut nous ramener aux mêmes ca-
lamités par les mêmes scandales ? M. le comte de
Montlosier a trouvé un sûr moyen d'ébranler une seconde fois toute la société, en soulevant ce qu'il y a de
plus impétueux dans le cœur humain; c'est à l'orgueil
qu'il s'adresse ; il rend odieux le commandement; il
dégrade la majesté qui commande; il l'humilie devant de
bons moines et de bons prêtres; il en fait un instrument
abject de quelques intrigans cachés. Et ainsi il désho-
nore l'obéissance; il souffle la révolte au nom de la di-

gnité de l'homme; il aigrit les amours-propres et les
rend furieux. Et il ne faut pas s'étonner qu'avec ces
dispositions violentes, une fois inspirées dans les ames,
il ose parler de ce ruisseau hideux dont il nous menace, et de cette irritation et de cette épouvante
qu'il aperçoit dans la France, comme un affreux pré-
sage. Il y a, jusques dans ces violences sacriléges, une
vraie connoissance du caractère de la nation. Elle est
vive et irritable en effet, cette nation, surtout en ce
qui touche à son honneur; et dès qu'on lui aura per-
suadé que l'obéissance qu'on lui impose est honteuse
et dégradante, on sait bien que sa susceptibilité délicate peut se changer en transports furieux. Mais, je le
demande, comment aura d'abord été produite cette
ardeur des ames, cette violente résistance à l'autorité
du Monarque, si ce n'est par le système profanateur
qui représente sa dignité comme une dignité humiliée?
Dès que la honte est autour du trône, il ne faut plus
espérer que le commandement en puisse descendre.
M. le comte de Montlosier l'a déjà répété bien souvent; il faut le lui entendre dire encore.

« Avec de l'habileté il seroit possible au gouverne-
» ment du Roi de nous croiser de nouveau pour aller
» détruire l'empire turc à Constantinople; que sais-je ?
» peut-être l'empire de la Chine à Pékin. Ce qu'on ne

» persuadera jamais au peuple français , c'est de subir
» bien doucement et bien tranquillement la domination
» des prêtres. Le peuple français peut accepter tout de
» ses Souverains, excepté une seule chose : LA HONTE ! »

Entend-on bien cette parole outrageuse ? « Le peuple
peut tout accepter de ses souverains, excepté *la honte !* »
Pour bien saisir l'intention de cette sentence , il faut voir
qu'elle est le couronnement de toute la doctrine de M. de
Montlosier ; c'est ainsi que se résume en deux mots tout
son système de dénonciation. Car nous l'avons vu , et
maintenant je puis le redire avec plus de hardiesse
puisque les preuves ont passé sous les yeux de mes lecteurs , le roi Charles X est personnellement placé sous
le joug , soit de quelques prêtres , soit d'un prêtre, soit
d'une faction organe des prêtres ; et par leur instiga-
tion et leurs intrigues il a passé de la vie chrétienne à
la vie dévote , c'est-à-dire à une vie de petites pratiques
et de devoirs étroits , à une vie enfin digne d'être repoussée et de tomber dans le mépris. Les principes de
conduite qu'il a puisés dans cette vie dévote , non-
seulement compromettent la dignité royale en l'abais-
sant à des actes flétris par une religion éclairée , mais
encore en l'obligeant à gouverner l'Etat dans des vues
entièrement opposées aux besoins de ses peuples , et ce
qui est plus fâcheux encore , à faire peser sur la nation

les quatre fléaux du jésuitisme, de l'ultramontanisme,
des congrégations, et de l'esprit-prêtre. Si le Roi pouvoit encore s'arracher un jour à cette vie dévote, le
mal qu'elle nous fait, mal si horrible pourtant qu'il
ne nous laisse d'autre espérance que la guerre civile,
ne seroit pas tout-à-fait sans remède ; mais une fois entré dans cette nouvelle espèce de christianisme, le Roi
n'a plus de moyens d'en sortir, parce qu'il ne peut
l'abandonner sans que Dieu l'abandonne lui-même.
Une preuve évidente qu'il y est engagé jusqu'à sa mort,
c'est l'empire absolu que les préceptes de la vie dévote exercent sur toutes ses royales facultés. Ils maî-
trisent à tel point toutes ses actions, que dans les choses
les plus indifférentes, comme par exemple, la fré-
quentation des spectacles autorisée par la vie chrétienne, le Roi a besoin d'un grand effort de condescendance et d'amour pour calmer sa conscience sur
l'infraction qu'il se permet quelquefois du précepte
de la vie dévote qui défend d'aller à la comédie. Mais
puisque l'amour qu'il a pour son peuple n'a pu obtenir
jusqu'ici que cette unique infraction aux devoirs qu'il
s'est imposés, la France verroit avec plaisir que le Roi
ne luttât pas péniblement contre sa conscience pour si
peu de chose, et qu'il s'abstînt absolument de se
montrer au spectacle. Charles X est donc entièrement

asservi à sa nouvelle espèce de christianisme; mais comme les esclaves n'aiment pas à obéir à des esclaves, l'obéissance à son égard à quelque chose qui fait souffrir parce que la honte vient la flétrir de ses accompagnemens, et qu'un peuple peut tout accepter de ses souverains, excepté la honte. La France n'accepte donc pas l'obéissance honteuse que lui impose son Roi, et fallût-il remplir de bord en bord la rue du Bac et la rue Saint-Honoré d'un ruisseau de sang français, le peuple ne reculera pas devant les meurtres et les exécutions nécessaires pour se soustraire A LA HONTE.

M. le comte de Montlosier ne se plaindra pas que dans l'analyse que je viens de faire de son Mémoire, j'ai cherché à empoisonner ses intentions ou ses paroles; j'ai répété mot à mot ce qu'il a dit, et comme il l'a dit : ma tâche est donc remplie. Il ne me reste plus qu'à invoquer les lumières du barreau, pour savoir si la Charte et les lois sur la presse autorisent qui que ce soit au monde à porter contre le Roi de semblables accusations. Je sais que fidèles à l'esprit de leur état, messieurs les avocats éprouvent une grande répugnance à s'occuper de débats politiques sans y être obligés par la défense d'intérêts particuliers; mais je les prie d'observer qu'il y a des circonstances graves et impérieuses, où les devoirs d'état sont un moment

suspendus pour faire place à d'autres devoirs. Français
et amis de la famille des Bourbons , messieurs les avocats sentiront mieux que moi que lorsque la dynastie
régnante est menacée et le salut de l'Etat compromis
les gens de bien dans toutes les professions doivent
former une sainte ligue pour sauver le trône et la
patrie.

LE CHEVALIER LAGET DE PODIO.